小古文 ③ 古代箴言

杜志建 ◎ 主编

汕头大学出版社

图书在版编目（CIP）数据

小古文.3/杜志建主编.-- 汕头：汕头大学出版社，2022.3
（疯狂阅读）
ISBN 978-7-5658-4609-0

Ⅰ.①小… Ⅱ.①杜… Ⅲ.①文言文-阅读教学-中学-教学参考资料 Ⅳ.①G634.333

中国版本图书馆CIP数据核字(2022)第024664号

小古文.3　　　　　　　　　　XIAOGUWEN.3

主　　编：杜志建
责任编辑：汪艳蕾
责任技编：黄东生
策　　划：王　莉
封面设计：王媚设计工作室
版面设计：力源文化
出版发行：汕头大学出版社
　　　　　广东省汕头市大学路243号汕头大学校园内　邮政编码：515063
电　　话：0754-82904613
印　　刷：河南瑞之光印刷股份有限公司
开　　本：890mm×1240mm 1/32
印　　张：8
字　　数：218千字
版　　次：2022年3月第1版
印　　次：2022年3月第1次印刷
定　　价：29.00元
ISBN 978-7-5658-4609-0

版权所有，翻版必究。
如发现印装质量问题，请与承印厂联系退换。

目录

〔贰〕求知治学 学而时习之,不亦说乎? 三一

〔壹〕志存高远 天行健,君子以自强不息。 一

肆 勤勉惜时 一二一

逝者如斯夫！不舍昼夜。

叁 交际修身 七五

君子之交淡若水，小人之交甘若醴。

知识补给站　古代文化常识之古代称谓　二四二

君子欲讷于言，而敏于行。

陆　容止品行　一九九

伍　智慧感悟　一四九

祸兮福之所倚，福兮祸之所伏。

壹

志存高远

（三）

天行健，君子以自强不息。地势坤，君子以厚德载物。

——《周易》

译文

　　自然的运动刚强劲健，相应于此，君子处世应像天一样，自我力求进步，刚毅坚卓，发愤图强，永不停息。大地的气势厚实和顺，君子应增厚美德，容载万物。

（四）

志士仁人，无求生以害仁，有杀身以成仁。

——《论语》

译文

志士仁人，不会因为求生而损害仁道，只会牺牲自身来成全仁道。

（七）

蓬生麻中，不扶而直；白沙在涅①，与之俱黑。

——《荀子》

---

①涅：黑泥。

译文

蓬草长在麻地里，不用扶持也能挺立住；白沙混进了黑土里，就再不能变白了。

（八）

坚志者,功名之主也;不惰者,众善之师也。

——《抱朴子》

译文

坚强的意志,是建功立业、扬名立万的主要原因;勤奋努力而不懒惰的精神,是一切好品德的榜样。

（九）

海不辞水,故能成其大;山不辞土石,故能成其高。

——《管子》

译文

大海不拒绝每一滴水,才能浩瀚无边;高山不拒绝一土一石,才能巍峨耸立。

（十）

白圭①之玷②，尚可磨也；斯言之玷，不可为也！

——《诗经》

---

①圭(guī)：古代的一种玉器。
②玷(diàn)：白玉上的斑点，比喻缺点、错误。

译文

白玉上的污点，尚可把它磨掉；言语中的错误，就没有办法挽回了。

（十一）

大风起兮云飞扬。威①加海内②兮归故乡。安得猛士兮守四方！

——刘邦《大风歌》

---

①威：威望，权威。
②海内：四海之内，即"天下"。我国古人认为天下是一片大陆，四周大海环绕，海外则荒不可知。

译文

大风刮起来了，云随着风翻腾奔涌。我统一了天下，威震四海，衣锦还乡。怎样才能得到勇士啊，为国家镇守四方！

（十二）

川泽纳污①,所以成其深；山岳藏疾,所以就其大。

——《隋书》

---

①污：污秽。

译文

川泽接受肮脏,所以形成了深广；山岳包容缺点,所以造就了高大。

（十三）

老骥^①伏枥^②，志在千里；烈士^③暮年，壮心不已。

——曹操《龟虽寿》

---

①骥(jì)：良马，千里马。
②枥(lì)：马槽。
③烈士：有远大抱负的人。

译文

年老的千里马躺在马棚里，它的雄心壮志仍然是能够驰骋千里；有远大抱负的人士到了晚年，奋发思进的雄心也不会止息。

（十四）

悫①年少时，炳问其志，悫曰："愿乘长风破万里浪。"

——《宋书》

---

①悫（què）：宗悫，南朝宋名将。

译文

宗悫小的时候，他的叔父宗炳问他长大后志向是什么，他回答："希望乘着船顺风在大浪里驰骋。"

（十五）

古之立大事者，不唯有超世之才，亦必有坚忍不拔之志。

——苏轼《晁错论》

译文

自古以来成就大事业的人，不但要有超出普通世人的才华，也必须要有坚忍不拔的意志。

（十六）

石火光①中，争长竞短，几何光阴？蜗牛角上，较雌论雄，许大世界？

——《菜根谭》

---

①石火光：石头相撞发出的火光那么短的时间。

译文

在电光石火般短暂的人生中争长竞短，能有多少光阴可用？在蜗牛触角那般狭小的空间中论雌雄，能有多大世界可争？

（十七）

且放白鹿①青崖间,须行即骑访名山。安能摧眉折腰②事权贵,使我不得开心颜!

——李白《梦游天姥吟留别》

①白鹿:传说神仙或隐士多骑白鹿。
②摧眉折腰:低头弯腰。摧眉,即低眉。

译文

暂且把白鹿放牧在青青的山崖间,等到要远行时就骑上它去访问名山。岂能卑躬屈膝去侍奉权贵,让自己不能有舒心畅意的笑颜!

（十八）

有志者，事竟成，破釜沉舟，百二秦关终属楚；苦心人，天不负，卧薪尝胆，三千越甲可吞吴。

——蒲松龄

译文

有远大志向的人总能成功，就像项羽破釜沉舟，最终攻下秦朝的众多关隘一样。埋头苦干的人上天也不会辜负他，就像勾践忍辱负重卧薪尝胆，靠越国三千兵马吞并强大的吴国一样。

（十九）

饭疏食①饮水,曲肱②而枕之,乐亦在其中矣。不义而富且贵,于我如浮云。

——《论语》

---

①疏食:粗粮。
②肱(gōng):胳膊。

译文

吃粗粮,喝冷水,弯着胳膊当枕头,快乐也就在其中了!干不正当的事获得的富贵,对我而言就如同天边的浮云。

(二十)

人患志之不立,亦何忧令名①不彰②邪?

——《世说新语》

---

①令名:好名声。
②彰:显扬。

译文

人只怕不能立定志向,又何必担忧美名得不到显扬呢?

（二十一）

不汲汲于荣名，不戚戚于卑位。

——骆宾王《上吏部裴侍郎书》

---

①汲汲：心情急切，努力追求。
②戚戚：忧愁不安。

译文

不急切地追求荣耀功名，不因地位的卑贱而忧虑不安。

(二十二)

贤士之处世也,譬若锥之处囊中,其末立见。

——《史记》

译文

有才能的人在社会上,他的才能会很快表现出来,就像锥子在口袋里,它的锋尖会立刻显露出来一样。

(二十三)

老当益壮,宁移白首之心;穷且益坚,不坠青云之志。

——王勃《滕王阁序》

译文

年岁虽老而雄心犹壮,怎能在白头时改变心志?遭遇困厄而意志更加坚定,在任何情况下也不放弃自己的凌云之志。

（二十四）

不飞则已，一飞冲天；不鸣则已，一鸣惊人。

——《史记》

译文

不飞则已，一飞就直冲云霄；不叫则已，一叫就使人惊异。

（二十五）

德不优者，不能怀远；才不大者，不能博见。

——《论衡》

译文

品德不优秀的人，不会胸怀远大理想；才能不大的人，不会具有渊博的见识。

（二十六）

宁为兰摧玉折,不作萧敷艾荣①。

——《世说新语》

---

①萧敷艾荣:萧、艾,恶草;敷荣,开花。

译文

宁可做兰花被摧残致死,做美玉而被损坏,也不愿做萧、艾那样的恶草而繁荣生长。

（二十七）

宁为百夫长①，胜作一书生。

——杨炯《从军行》

①百夫长：一百个士兵的头目，泛指下级军官。

译文

我宁愿做个低级军官为国冲锋陷阵，也胜过当个白面书生只会摘句寻章。

（二十八）

少年负志气，信道不从时。

——刘禹锡《学阮公体》

译文

年轻人肩负远大的志向，坚信自己的目标，决不依从时俗。

（二十九）

先天下之忧而忧，后天下之乐而乐。

——范仲淹《岳阳楼记》

译文

在天下人忧愁之前先忧愁，在天下人快乐之后才快乐。

（三十）

居轩冕①之中，不可无山林的气味；处林泉之下，须要怀廊庙②的经纶③。

——《菜根谭》

---

①轩冕：比喻高官或显贵之人。
②廊庙：朝廷。
③经纶：比喻规划国家大事的才能。

译文

身居要职的人，要保持一种隐居山林淡泊名利的思想；身居林木泉石之下的隐士，要有胸怀天下治理国家的知识和才干。

（三十一）

志不可不高,志不高,则同流合污,无足有为矣;心不可太大,心太大,则舍近图远,难期有成矣。

——《围炉夜话》

译文

志向不能不高,志向不高,就容易受世俗的影响而使自己和别人同流合污,最终难以有所作为;心不能太大,心太大,容易眼高手低,不愿从小事做起,最终难成大业。

（三十二）

立志者，为学之心也；为学者，立志之事也。

——王阳明

译文

立志，是学习的动力；学习，是为了实现所立下的志向。

（三十三）

男儿不展风云志，空负天生八尺躯。

——《警世通言》

译文

男子汉如果不能施展远大的志向，就白白辜负了上天赋予的八尺身躯。

贰 求知治学

（一）

子曰："学而时习之，不亦说①乎？有朋自远方来，不亦乐乎？人不知而不愠②，不亦君子乎？"

——《论语》

①说：同"悦"，愉快、高兴。
②愠：恼怒、怨恨。

译文

孔子说："学了知识以后，按一定的时间去温习它，不是很愉快吗？有志同道合的朋友从远方来，不是很高兴吗？别人不了解自己，自己也不怨恨，这不就是君子吗？"

（二）

曾子曰："吾日三省①吾身：为人谋而不忠乎？与朋友交而不信乎？传不习乎？"

——《论语》

---

①三省：省，自我检查。"三省"可解释为多次进行自我检查。

译文

曾子说："我每天多次反省自己：为别人办事有没有尽心竭力？同朋友交往是否诚实？老师传授给我的知识是否复习了呢？"

（三）

子曰："学而不思则罔①，思而不学则殆②。"

——《论语》

①罔（wǎng）：迷惑。
②殆（dài）：疑惑。

译文

孔子说："只读书学习而不思考问题，就会迷惑而没有收获；只空想而不读书学习，就会疑惑而不能肯定。"

（四）

子曰："由①，诲女②知之乎！知之为知之，不知为不知，是知③也。"

——《论语》

---

①由：孔子的弟子仲由，字子路，又字季路。
②女：同"汝"，你。
③知：同"智"，智慧聪明的意思。

译文

孔子说："仲由，我教给你对待知或不知的正确态度吧！知道的就是知道，不知道的就是不知道，这才是真正的智慧。"

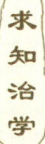

（五）

子曰："吾尝①终日不食，终夜不寝，以思，无益，不如学也。"

——《论语》

---

①尝：曾经。

译文

孔子说："我曾经整天不吃，整晚不睡，去左思右想，结果没有什么好处，还不如去学习为好。"

（六）

少而好学，如日出之阳①；壮而好学，如日中之光；老而好学，如炳烛之明。炳烛②之明，孰与昧行③乎？

——《说苑》

---

①阳：阳光，此指明亮。
②炳烛：点燃火炬照明。
③昧行：摸黑走路。

译文

年少的时候好学，就如同日出时的阳光；壮年的时候好学，就如同正午时的阳光；年老的时候好学，就如同点燃火炬时的光亮。点燃火炬走路，和在黑暗中摸索行走，哪个更好呢？

（七）

子曰："知之者不如好^①之者，好之者不如乐^②之者。"

——《论语》

①好：喜爱，爱好。
②乐：以……为快乐。

译文

孔子说："对于学习，了解怎么学习的人，不如喜爱学习的人；喜爱学习的人，又不如以学习为乐的人。"

（八）

子曰："学如不及，犹恐失之。"

——《论语》

译文

孔子说："学习好像追赶什么似的，总怕赶不上，赶上了又生怕丢掉了。"

(九)

子曰:"三人行,必有我师焉,择其善者而从之,其不善者而改之。"

——《论语》

译文

几个人一起走路,其中必有某人在某方面是值得我学习的,那他就可当我的老师。我选取他的优点来学习,对他的缺点和不足,我会引以为戒,有则加以改正。

（十）

子曰："见贤思齐①焉，见不贤而内自省也。"

——《论语》

---

①齐：与……看齐。

译文

孔子说："看见有德行的人就要想着向他学习，看见没有德行的人，自己的内心就要反省是否有和他一样的错误。"

（十一）

孔子曰："生而知之者，上也；学而知之者，次也；困而学之，又其次也；困而不学，民斯为下矣。"

——《论语》

译文

孔子说："生下来就知道的人，是上等；经过学习才知道的人，是次一等；感到困惑才学习的人，又次一等；感到困惑仍不学习，这样的人就是下等的愚民了。"

（十二）

子曰："君子食无求饱,居无求安,敏于事而慎于言,就①有道而正②焉,可谓好学也已。"

——《论语》

---

①就：靠近。
②正：匡正。

译文

孔子说："君子,饮食不要求饱足,居住不要求舒适,对工作勤劳敏捷,说话却小心谨慎,到有道的人那里去匡正自己,这样可以说是好学了。"

（十三）

博学而不穷，笃行①而不倦。

——《礼记》

①笃行：专心实行。

译文

广泛地学习而没有穷尽之时，坚定地践行而孜孜不倦。

（十四）

学然后知不足,教然后知困①。知不足,然后能自反也;知困,然后能自强②也。故曰:教学相长也。

——《礼记》

---

①困:困惑。
②自强:自我勉励。

译文

通过学习才能知道自己的不足,通过教导别人才能知道自己理解不了的地方。知道自己的不足,这样以后才能自我反省;感到困惑,这样以后才能自我勉励。所以说,教与学是互相促进的。

（十五）

善问者，如攻①坚木，先其易者，后其节目②。

——《礼记》

---

①攻：加工。
②节目：树木枝干相接的地方。

译文

善于提问请教的人，学习就如加工木材，先从疏松处下手，然后才去处理坚硬的枝干相接之处。

（十六）

独学而无友，则孤陋而寡闻[①]。

——《礼记》

[①]孤陋而寡闻：指学术上见识肤浅，见闻不广。

译文

如果学习中缺乏学友之间的交流切磋，就必然会导致知识狭隘，见识短浅。

（十七）

君子之教，喻也，道^①而弗牵，强^②而弗抑，开^③而弗达。

——《礼记》

---

①道：作"导"解，引导。
②强：激励。
③开：启迪，开发。

译文

　　君子教育别人，是让人明白事物的道理，重点在于引导，而不是强迫学习，是通过激励而不是去抑制，是启发而不是全部灌输。

(十八)

善学者,师逸①而功倍,又从而庸②之;不善学者,师勤而功半,又从而怨之。

——《礼记》

---

①逸:安闲。
②庸:功劳。

译文

善于学习的人,不要老师费多大的气力,就能收到加倍的功效,学生又将成果归功于老师;不善于学习的人,老师虽然辛勤教导,结果却事倍功半,学生不检查自己,反而埋怨老师。

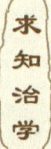

（十九）

人一能之,己百之;人十能之,己千之。果能此道矣,虽愚必明,虽柔必强。

——《中庸》

译文

别人用一分的努力就能做到的,我用一百分的努力去做;别人用十分的努力能做到的,我就用一千分的努力去做。如果用这样的毅力去探求和实行中庸之道,那么即使愚昧的人也能变得聪明起来,即使柔弱的人也必然变得强大起来。

（二十）

博学之，审问之，慎思之，明辨之，笃行之。

——《中庸》

译文

求学之道要广博地学习，审慎地询问，慎重地思考，明确地辨析，切实地履行。

（二十一）

他山之石，可以攻①玉。

——《诗经》

---

①攻：雕琢，加工。

译文

别的山上的石头，可以用来打磨玉器。

（二十二）

君子学以聚①之，问以辩之。

——《周易》

---

①聚：积累。

译文

君子通过学习积累知识，通过提问讨论弄清事理。

（二十三）

不观高崖,何以知颠坠之患;不临深泉①,何以知没溺之患;不观巨海,何以知风波之患②。失之者其不在此乎？士慎此三者,则无累③于身矣。

——《孔子家语》

---

①深泉:深渊。
②风波之患:风浪的灾祸。

译文

不看见高峻的山崖,怎能知道从崖顶坠落的危险？不靠近深渊,怎能知道淹没于水中的危险？不看大海,怎能知道风浪的危险？失去生命的人难道不就在这些方面吗？读书人如果能谨慎地对待这三者,就不会殃及自身了。

（二十四）

少而不学,长无能也。

——《孔子家语》

译文

年少的时候不好好学习,长大了以后就不会有什么才能。

（二十五）

人而不学,其犹正墙面而立。

——《尚书》

译文

人如果不学习,就像面对墙壁站着,什么东西也看不见。

（二十六）

好学近乎知，力行近乎仁，知耻近乎勇。

——《中庸》

译文

勤奋好学就接近智，做任何事情只要努力就接近仁，懂得了是非善恶就是勇的一种表现。

（二十七）

吾生也有涯，而知也无涯。

——《庄子》

译文

我的生命是有限的，而人类的知识是无穷的。

（二十八）

故木受绳①则直,金就砺②则利,君子博学而日参省乎己③,则知④明而行无过矣。

——《荀子》

---

①受绳:用墨线量过。
②就砺:拿到磨刀石上去磨。就,接近、靠近。砺,磨刀石。
③日参(cān)省(xǐng)乎己:每天对照反省自己。省,省察。
④知(zhì):通"智",见识。

译文

所以木材用墨线量过,再经辅具加工就能取直,刀剑等金属制品在磨刀石上磨过就能变得锋利,君子学习广泛,而又能每天检查反省自己,那就会见识高明而行为不会犯错误了。

（二十九）

吾尝终日而思矣，不如须臾①之所学也。

——《荀子》

---

①须臾(yú)：片刻。

译文

我曾经整天思索，却不如片刻学到的知识多。

(三十)

不闻不若闻之,闻之不若见之,见之不若知之,知之不若行之。学至于行之而止矣。

——《荀子》

译文

没有听说过不如听说过,听说过不如眼见为实,眼见为实不如明晓事理,明晓事理不如亲自实践。学习的功夫到实践这一层次也就到达极点了。

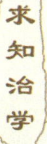

（三十一）

无冥冥①之志者，无昭昭②之明；无惛惛之事者，无赫赫之功。

——《荀子》

---

①冥冥：形容专心致志、埋头苦干。下文"惛惛"与此同义。
②昭昭：明白的样子。

译文

没有刻苦钻研精神的人，在学习上就不会有显著的成绩；不能埋头苦干的人，在事业上就不能取得巨大的成就。

(三十二)

君子之学也,入乎耳,著①乎心,布乎四体,形乎动静;端②而言,蠕③而动,一可以为法则。

——《荀子》

①著:牢记。
②端:同"喘",微言。
③蠕:微动,形容动作和缓。

译文

君子为学,听在耳里,记在心上,体现在仪表举止上,表现在一举一动间。即使是极细小的一言一行,都可以作为别人学习的榜样。

（三十三）

常玉不瑑①，不成文章②；君子不学，不成其德。

——《汉书》

①瑑(zhuàn)：玉器上隆起的雕刻花纹。
②文章：此处指华美的花纹。

译文

普通的玉石若不经雕琢，就不能形成华美的花纹；有道德修养的人如果不学习，也不能成就他的德行。

（三十四）

业精于勤，荒于嬉①；行成于思，毁于随②。

——韩愈《进学解》

---

①嬉：懒散，不经心。
②随：任随，放任。

译文

学业由于勤奋而专精，由于玩乐而荒废；德行由于独立思考而有所成就，由于放任随性而败坏。

（三十五）

粗缯①大布②裹生涯，腹有诗书③气自华。

——苏轼《和董传留别》

---

①粗缯：粗糙的丝织品。
②大布：麻制的粗布。
③诗书：原指《诗经》和《尚书》，此泛指诗才学问。

译文

虽然生活当中身上包裹着粗衣劣布，但胸中有学问气质自然光彩夺人。

（三十六）

愚而不学，则益其愚；智而不学，则失其智。

——《愿学记》

译文

愚蠢而不学习，就增加了他的愚蠢；聪明而不学习，就失去了智慧。

（三十七）

书犹药也，善读之可以医愚。

——《说苑》

译文

书籍如同药物，若能善于取舍，活学活用，便可使人摆脱愚昧。

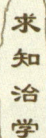

（三十八）

德随量进，量由识长。故欲厚其德，不可不弘其量；欲弘其量，不可不大其识。

——《菜根谭》

译文

人的品德随着胸怀而提升，胸怀因见识而扩大。所以想要提升品德，就不能不扩大胸怀；要扩大胸怀，就不能不增长见识。

（三十九）

人品之不高，总为一"利"字看不破；学业之不进，总为一"懒"字丢不开。

——《围炉夜话》

译文

一个人的人品提不上去，总是因为自己的利欲看不破；一个人的学问没有进步，总是因为自己过不了懒这一关。

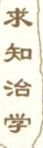

（四十）

误用聪明，何若一生守拙[①]；滥交朋友，不如终日读书。

——《围炉夜话》

[①]守拙：安于愚拙，清贫自守，不争名利。

译文

把聪明用错了地方，不如一辈子谨守愚拙；随随便便就交朋友，不如在家里闭门读书。

（四十一）

教子弟于幼时，便当有正大光明气象；检①身心于平日，不可无忧勤惕厉②功夫。

——《围炉夜话》

---

①检：反省，检讨。
②惕厉：警惕，戒惧。

译文

教育下一代要从幼年开始，培养他们正直、宽广、光明磊落的气概；在平日生活中要时时反省自己的行为思想，不能没有自我督促和自我砥砺的修养。

（四十二）

有才必韬藏①,如浑金璞玉②,暗然③而日章④也;为学无间断,如流水行云,日进而不已也。

——《围炉夜话》

---

①韬藏:掩藏,深藏。
②浑金璞玉:未炼的金,未琢的玉,用来形容人的品质淳朴善良。
③暗然:昏暗的样子。
④章:显明。

译文

有才学一定要深藏不露,就像天然金玉的美质一样不加美饰,起初黯淡却会日渐彰显;做学问不能失去持久耐性,要像行云和流水一般连贯流畅,进展增益就会日强一日而不停歇。

（四十三）

士人不当以世事分读书，当以读书通世事。

——《小窗幽记》

译文

读书人不应该因世事分心导致不能专心读书，应该通过读书来通晓世事。

（四十四）

闭门即是深山，读书随处净土。

——《小窗幽记》

译文

关上门，就像是处在深山之中；进入书的世界，哪里都是清净的地方。

（四十五）

万事皆易满足，惟读书终身无尽；人何不以不知足一念加之书？

——《小窗幽记》

译文

万事都容易满足，只有读书这件事一辈子都没有尽头；人们怎么就不把不知足这一念头加到读书上去呢？

（四十六）

世人不问愚智，皆欲识人之多，见事之广，而不肯读书，是犹求饱而懒营馔①，欲暖而惰裁衣也。

——《颜氏家训》

---

①营馔(zhuàn)：营治膳食。

译文

世上不管是愚人还是聪明人，总想自己见多识广，但不肯读书，这就等于想吃饱却懒得做饭，想穿暖却懒得缝制衣服。

叁 交际修身

（一）

二人同心，其利断金；同心之言，其臭①如兰。

——《周易》

---

①臭（xiù）：味道。

译文

同心协力的人，他们的力量足以把坚硬的金属弄断；同心同德的人发表一致的意见，说服力强，人们就像嗅到芬芳的兰花香味，容易接受。

（二）

君子之交淡若水,小人之交甘若醴①;君子淡以亲,小人甘以绝。彼无故以合者,则无故以离。

——《庄子》

---

①醴(lǐ):甜酒。

译文

君子相处像水一样平淡,小人相处像美酒一样甘甜;君子相处平淡而亲近,小人相处甘甜而易断绝。那些无缘无故相合的,也会无缘无故分离。

（三）

君子上交①不谄，下交不渎②。

——《周易》

---

①上交：结交地位高的人。
②渎(dú)：轻慢。

译文

君子与地位高的人交往，不逢迎拍马；与地位低的人交往，不轻视怠慢他人。

（四）

子曰："君子周①而不比②，小人比而不周。"

——《论语》

---

①周：结合。
②比：勾结。

译文

孔子说："君子团结而不勾结，小人勾结而不团结。"

（五）

孔子曰："益者三友，损者三友。友直，友谅①，友多闻，益矣。友便辟②，友善柔③，友便佞④，损矣。"

——《论语》

---

①谅：诚信。
②便辟：惯于走邪道。
③善柔：善于馋媚逢迎。
④便佞：惯于花言巧语。

译文

孔子说："有益的朋友有三种，有害的朋友有三种。同正直的人交友，同诚信的人交友，同见闻广博的人交友，这是有益的。同惯于走邪道的人交朋友，同善于阿谀奉承的人交朋友，同惯于花言巧语的人交朋友，这是有害的。"

（六）

君子成人之美,不成人之恶。小人反是。

——《论语》

译文

君子通常成全他人的好事,不促成别人的坏事。小人则与之完全相反。

（七）

道不同,不相为谋。

——《论语》

译文

原则主张不同,就不能一起谋事。

（八）

子曰："巧言、令色、足恭①，左丘明②耻③之，丘亦耻之。匿④怨而友其人，左丘明耻之，丘亦耻之。"

——《论语》

---

①足恭：过分恭敬讨好人。
②左丘明：春秋时鲁国人，相传为《左传》和《国语》的作者。
③耻：以……为耻。
④匿：隐藏。

译文

孔子说："花言巧语，装出和善的脸色，过分地恭敬，左丘明认为这种态度的人可耻，我也认为可耻。把怨恨装在心里，表面上却同他友好，左丘明认为这种行为的人可耻，我也认为可耻。"

（九）

与善人①居,如入芝兰②之室,久而不闻其香,即与之化矣;与不善人居,如入鲍鱼③之肆④,久而不闻其臭,亦与之化矣。

——《孔子家语》

---

①善人:品德高尚的人。
②芝兰:白芷和蕙兰,两种香草。
③鲍鱼:咸鱼。
④肆:店铺。

译文

和品行优良的人交往,就好像进入了摆满香草的房间,久而久之闻不到香草的香味了,这是因为自己和香味融为一体了。和品行不好的人交往,就像进入了卖臭咸鱼的店铺,久而久之就闻不到咸鱼的臭味了,这也是因为自己与臭味融为一体了。

（十）

可与言而不与之言，失人；不可与言而与之言，失言。知者不失人，亦不失言。

——《论语》

译文

可以跟他交谈，却不跟他交谈，就会错过值得交往的人；不可以跟他交谈，却跟他交谈，这是浪费言语。聪明人既不会错过值得交往的人，也不浪费言语。

（十一）

不患人之不己知，患不知人也。

——《论语》

译文

不担心别人不了解自己，担心的是自己不了解别人。

（十二）

忠告而善道之，不可则止，毋自辱焉。

——《论语》

译文

忠心地劝告他，好好地劝导他，不听就作罢，不要自讨羞辱。

（十三）

与人交,推①其长者,违②其短者,故能久也。

——《孔子家语》

---

①推:赞许。
②违:避开。

译文

与人交往,要赞扬他的长处,避开他的短处,这样才可以长久交往下去。

（十四）

君子不失足①于人，不失色②于人，不失口③于人。

——《礼记》

---

①失足：举止不庄重。
②失色：表情不严肃。
③失口：语言不慎说错话。

译文

君子在别人面前举止应庄重，表情要严肃端庄，不要说不该说的话。

（十五）

礼尚①往来。往而不来，非礼也；来而不往，亦非礼也。

——《礼记》

---

①尚：注重，崇尚。

译文

礼所崇尚的是有施有报。只讲施而不讲报，这不合乎礼的要求；相反，只讲报而不讲施，也不合乎礼的要求。

（十六）

仰不愧于天，俯不怍①于人。

——《孟子》

---

①怍（zuò）：惭愧。

译文

为人正直坦荡，抬头无愧于天，低头无愧于人，做到问心无愧。

（十七）

爱而知其恶,憎而知其善。

——《礼记》

译文

对自己所喜欢的人,也要看到他的缺点错误;对自己所憎恶的人,也要看到他的优点长处。

（十八）

君子莫大乎与人为善。

——《孟子》

译文

君子最大的长处就是用高尚、仁义的心去对待别人。

（十九）

非①我而当②者，吾师也；是③我而当者，吾友也；谄谀我者，吾贼也。

——《荀子》

---

①非：批评，否定。
②当：恰当。
③是：肯定。

译文

指出我的缺点和错误而又中肯的人，是我的老师；肯定我的长处而又恰当的人，是我的朋友；阿谀奉承我的人，就是害我的敌人。

（二十）

夫君子之行，静以修身，俭以养德。非淡泊无以明志，非宁静无以致远。

——诸葛亮《诫子书》

译文

德才兼备之人的品行，是依靠内心安静精力集中来修养身心的，是依靠俭朴的作风来培养品德的。不看淡世俗的名利，就不能明确自己的志向，不保持身心宁静就不能实现远大的理想。

（二十一）

尚德行者无凶险，务①公正者无邪朋。

——《新唐书》

---

①务：致力，追求。

译文

注重道德和品行修养的人不会干凶恶阴险的事，追求公平正直、心无偏私的人不会有不正派的朋友。

（二十二）

人生交契①无老少，论交何必先同调②。

——杜甫《徒步归行》

---

①交契：交好，友好投合。
②同调：本指声调相同，比喻志趣相合。

译文

与朋友交往不必在乎身份、地位、年龄的差异，重要的是朋友之间能够交心。

(二十三)

君子与君子以同道为朋,小人与小人以同利为朋。

——欧阳修《朋党论》

译文

君子与君子交往的基础是共同的道义,小人与小人交往则是因为利益。

(二十四)

路遥知马力,日久见人心。

——《元曲选》

译文

经过遥远的路途才能知道马的力气大小,时间长久了才能看出人心的好坏。

（二十五）

门内有君子，门外君子至。

——《警世通言》

译文

屋里面有君子住着，门外的君子就会到来。

（二十六）

交友须带三分侠气，做人要存一点素心。

——《菜根谭》

译文

跟朋友相处时，必须抱着拔刀相助的侠义精神，而为人处世也要存着一颗天真无邪的赤子之心。

（二十七）

岁月本长，而忙者自促；天地本宽，而卑者自隘；风花雪月本闲，而劳攘①者自冗②。

——《菜根谭》

---

①劳攘(rǎng)：劳指形体的劳碌，攘指精神的烦忧困扰。
②冗(rǒng)：多而无用。

译文

岁月本来很长，可是那些奔波忙碌的人却自己觉得时间很短促；天地本来很宽广辽阔，可是那些心胸狭窄的人却把自己局限在小圈子里；风花雪月本来是供人欣赏调剂身心的，可是那些奔波劳碌的人却认为是多余无益的东西。

（二十八）

　　君子之心事，天青日白，不可使人不知；君子之才华，玉韫珠藏①，不可使人易知。

——《菜根谭》

---

①玉韫（yùn）珠藏：形容像珍珠美玉一般珍藏不露。韫，珍藏的意思。

译文

　　君子有高深修养，他的心地像青天白日一样光明，没有什么不可告人的事；君子的才华应像珍藏的珠宝一样，不应该轻易炫耀让别人知道。

（二十九）

人情反复,世路崎岖。行不去,须知退一步之法;行得去,务加让三分之功。

——《菜根谭》

译文

人情变化无常,人生的道路崎岖不平。遇到障碍难以通过时,必须学会暂时退避,明白以退为进的方法;畅通无阻、春风得意之时,也要恭谨慎行,具备遇事让三分的美德。

（三十）

不责人小过，不发人阴私，不念人旧恶。三者可以养德，亦可以远害。

——《菜根谭》

译文

不责备别人的小错，不揭发别人的隐私，不惦念以前的嫌隙。这三者不仅可以培养德行，还能让自己远离祸害。

（三十一）

恩宜自淡而浓，先浓后淡者，人忘其惠①；威宜自严而宽，先宽后严者，人怨其酷②。

——《菜根谭》

----

①惠：恩惠。
②酷：严厉。

译文

对人施予恩惠应该从淡到浓，如果开始浓厚后逐渐淡薄，人们就容易忘掉你的恩惠；树立威信要先严苛后宽容，如果先宽容后严苛，人们就会怨恨你的严酷。

(三十二)

欲做精金美玉的人品,定从烈火中煅来;思立掀天揭地的事功,须向薄冰上履过。

——《菜根谭》

译文

想拥有纯金美玉一样的人格品行,一定要从艰难困苦中磨炼出来;想要干一番轰轰烈烈的丰功伟业,必须要向危急险峻之处走去。

（三十三）

宁为小人所忌毁①，毋为小人所媚悦；宁为君子所责备，毋为君子所包容。

——《菜根谭》

---

①忌毁：嫉恨诽谤。

译文

宁可被小人猜忌毁谤，也不要为小人所取悦；宁可被君子责怪，也不愿意让君子包容。

（三十四）

淡泊①之士，必为浓艳者②所疑；检饬③之人，多为放肆者所忌。君子处此，固不可少变其操履④，亦不可太露其锋芒。

——《菜根谭》

---

①淡泊：恬淡寡欲。
②浓艳者：指醉心名利、生活奢侈的人。
③检饬(chì)：言行检点约束。
④操履：操守、节操。

译文

性情恬淡的人，必然会被那些热衷豪华奢侈的人怀疑；严于律己、行为检点的人，常被那些邪恶放纵无所顾忌的小人嫉妒。所以一个有才学、有修养的君子，万一不幸处在这种既被猜疑又遭忌恨的环境里，固然不能丝毫改变自己的操守和志向，但也绝不能锋芒毕露。

（三十五）

使人有面前之誉,不若使人无背后之毁;使人有乍交之欢,不若使人无久处之厌。

——《菜根谭》

译文

与其让人在面前赞誉你,不如让他别在背后毁谤你;与其让人有相见恨晚的感觉,不如让他和你长久相处而不心生讨厌。

(三十六)

士君子之涉世,于人不可轻为喜怒,喜怒轻,则心腹肝胆皆为人所窥;于物不可重为爱憎,爱憎重,则意气精神悉为物所制。

——《菜根谭》

译文

君子为人处世,不能轻易对别人表露自己欢喜与愤怒的感情,如果轻易表示自己欢喜与愤怒的感情,自己的内心世界就会被别人看清楚;对于各种事物来说,不能过于喜欢或者讨厌,如果过于喜欢或憎恶某种事物,那么自己的精神意志就都会被这种事物制约。

（三十七）

　　待人而留有余,不尽之恩礼①,则可以维系无厌②之人心;御事③而留有余,不尽之才智,则可以提防不测之事变。

——《菜根谭》

①恩礼:恩惠和礼待。
②无厌:指不满足。
③御事:处事。

译文

　　与他人打交道时要有余地,不能将恩惠与礼遇都给予,这样就可以维持住贪得无厌的人心;处理事情时也要留有余地,不要将聪明才智用尽,这样可以提防和应付意外事情的发生。

（三十八）

好丑心太明，则物不契；贤愚心太明，则人不亲。士君子须是内精明而外浑厚，使好丑两得其平，贤愚共受其益，才是生成的德量①。

——《菜根谭》

---

①德量：品德与胸怀。

译文

分别美丑的心不能太过明确，否则就无法与事物相契合；分别贤愚的心不能太过清楚，否则无法与人相亲近。君子应当是内心精明敏锐而外表浑厚质朴，使美、丑之物平衡一些，使贤德的人与愚蠢的人都能得到益处，这才是君子应有的品德与胸怀。

（三十九）

遇沉沉不语①之士,且莫输心②;见悻悻自好③之人,应须防口。

——《菜根谭》

---

①沉沉不语:深沉寡言。
②输心:表示真心。杜甫《莫相疑行》:"晚将末契托年少,当面输心背面笑。"
③悻悻自好:愤愤不平地述说自己的优点。自好,这里指自夸、自我吹嘘。

译文

遇到阴沉寡言的人,不要对他推心置腹表露内心;遇到满脸怒气自以为是的人,一定要小心提防不多说话。

（四十）

落落①者，难合亦难分，欣欣②者，易亲亦易散。

——《菜根谭》

---

①落落：孤独样，此指清高。
②欣欣：喜乐样，此指圆滑。

译文

清高的人难以结交也难以分手，圆滑的人容易亲近也容易疏远。

（四十一）

一"信"字是立身之本，所以人不可无也；一"恕"字是接物之要，所以终身可行也。

——《围炉夜话》

译文

一个"信"字是树立人格的根本，因此做人不能没有信誉；一个"恕"字是与人交往的关键，因此做人终身都应该奉行。

（四十二）

和平处事,勿矫俗①以为高;正直居心,勿设机②以为智。

——《围炉夜话》

---

①矫俗:故意违背习俗。
②设机:耍弄手段,工于心计。

译文

为人处世要心平气和,不要故意违背习俗,自命清高;还要有一颗正直的心,做到公正刚直,不要耍手段投机取巧,自认为聪明。

(四十三)

和气迎人,平情应物。抗心希古①,藏器待时②。

——《围炉夜话》

①抗心希古:意思是要人们保持高风亮节,以古代的贤人为榜样。
②藏器待时:怀才以待时机。器,指才华。

译文

以祥和的态度去和人交往,以平等的心态去应对事物。以古人的高尚心志自相期许,收敛自己的才能以等待可用的时机。

（四十四）

以诚心待人，人或不谅，而历久自明，不必急于求白也。

——《围炉夜话》

译文

以真诚的心意对待他人，他人或许因为不信任而有所误会，但时间久了自然会明白其中的心意，不要急着去辩解。

（四十五）

心能辨事非，处事方能决断；人不忘廉耻，立身自不卑污。

——《围炉夜话》

译文

心能明辨是非，就能快速而又果断地处理事情；不忘记礼义廉耻，做人就会一身正气，不与卑污的人同流合污。

（四十六）

善谋生者,但令长幼内外勤修恒业,而不必富其家；善处事者,但就是非可否审定章程,而不必利于己。

——《围炉夜话》

译文

善于营生的人,会教会自己的子孙营生的本事,而不会给自己的子孙留下太多的财产。善于处理事务的人,只会根据事情的对不对、是否可行做出判断和决定,从而厘定制度章程,并不会要求事情一定对自己有利。

（四十七）

凡事勿徒委①于人，必身体力行，方能有济②；凡事不可执于己，必集思广益，乃罔③后艰。

——《围炉夜话》

---

①委：依赖。
②济：帮助。
③罔：无。

译文

不能凡事都依靠他人，一定要身体力行，才能对自己有所帮助。凡事不可以固执己见，一定要听取大家的意见，以免遇到不能够克服的困难。

（四十八）

习读书之业，便当知读书之乐；存为善之心，不必邀①为善之名。

——《围炉夜话》

---

①邀：邀功，求取。

译文

把读书当作正事，就应该明白读书的乐趣所在；存有做善事的心地，不一定要求取为善的名声。

（四十九）

交友之先宜察，交友之后宜信。

——《小窗幽记》

译文

交朋友应先考察，交往之后对朋友要信任。

（五十）

先淡后浓，先疏后亲，先远后近，交友道也。

——《小窗幽记》

译文

交情先浅后深，先疏远后亲近，先远离后接近，这才是交朋友的道理。

（五十一）

喜传①语者，不可与语；好议事者，不可图②事。

——《小窗幽记》

---

①传：传播。
②图：策划。

译文

喜欢传播小道消息的人，不能和他说话；喜好议论事情的人，不可以与他共同谋划事情。

肆

勤勉惜时

（一）

合抱①之木,生于毫末②;九层之台,起于累土③;千里之行,始于足下。

——《道德经》

---

①合抱:两臂围拢那么粗,形容树木粗大。
②毫末:极细微,指刚刚萌芽的小树。
③累土:一筐一筐土累积起来。

译文

合抱的大树,生长于细小的萌芽;九层的高台,筑起于一筐筐泥土;千里的远行,是从脚下第一步开始走出来的。

（二）

子在川上曰："逝者①如斯夫！不舍昼夜。"

——《论语》

---

①逝者：岁月，消逝的时光。

译文

孔子在河边感叹道："时光像河水一样流去，日夜不停。"

勤勉惜时

（三）

人生天地之间，若白驹之过郤①，忽然而已。

——《庄子》

---

①郤（xì）：同"隙"，小孔。

译文

人生在天地之间，有如白色的马驹飞快地跑过狭窄的缝隙，很快就结束了。

（四）

今日不为，明日亡①货。昔之日已往而不来矣。

——《管子》

---

①亡：无。

译文

今天不努力做事，明天就会财货贫乏。过去的时光已经过去了，再也不会回来了。

（五）

不积跬步①，无以至千里；不积小流，无以成江海。

——《荀子》

---

①跬（kuǐ）步：古人以举足一次为跬，举足两次为步。

译文

不把半步、一步积累起来，就不能走到千里远的地方；不把细流汇聚起来，就不能形成江河大海。

（六）

锲①而舍之，朽木不折；锲而不舍，金石可镂②。

——《荀子》

---

①锲（qiè）：用刀子刻。
②镂（lòu）：雕刻。

译文

刻几下便放下，即使是糟朽的木头也刻不断；不停地刻下去，连金属和玉石也可以雕出花饰。

（七）

老冉冉①其将至兮,恐修名②之不立。

——《离骚》

---

①冉冉:渐渐。
②修名:美好的名声。

译文

垂暮之年慢慢地将要到来,我只怕美好的名声还没能树立。

（八）

夫功者难成而易败，时者难得而易失也。

——《史记》

译文

建立功业困难而失败却很容易，抓住机会艰难而失去机会容易。

（九）

百川东到海，何时复西归？少壮不努力，老大徒伤悲！

——《长歌行》

译文

时间像江河东流入海，一去不复返；人在年轻时不努力学习，年龄大了，那就只好悲伤后悔。

（十）

惊风①飘白日,光景②驰西流。盛时不再来,百年忽我遒③。

——曹植《箜篌引》

---

①惊风:疾风。
②光景:指日光。
③遒(qiú):迫近。

译文

白天里疾风吹过,日光渐渐向西流走。青春年华不会再来一次,死亡之期已忽然向我迫近。

（十一）

人寿几何？逝如朝霜。时无重至,华不再扬①。

——陆机《短歌行》

---

①华不再扬：指花不能再次开放。

译文

人的寿命有多长？就好像早晨的露珠一样,转瞬就会逝去。时间不会重新再来,花也不能再次开放。

（十二）

志士惜日短，愁人知夜长。

——傅玄《杂诗》

译文

奋发有为的人珍惜光阴，叹惜白天短促；忧愁的人夜不成眠，只觉得长夜漫漫。

（十三）

光景不待人，须臾发成丝。

——李白《相逢行》

译文

时间不等人，转眼间青丝变成了白发。

（十四）

冬者岁之余①，夜者日之余，阴雨者时之余也。

——《三国志》

---

①余：多余的时间。世人以"三余"代指可以充分用来读书的三个余暇时间。

译文

冬天，没有多少农活，这是一年里的空闲时间；夜间，不便下地劳动，这是一天里的空闲时间；雨天，不好出门干活，也是一种空闲时间。

（十五）

盛年①不重来，一日难再晨。及时②当勉励，岁月不待人。

——陶渊明《杂诗（其一）》

---

①盛年：壮年。
②及时：趁盛年之时。

译文

美好的青春岁月一旦过去便不会再重来，一天之中永远看不到第二次日出。应当趁年富力强之时勉励自己努力奋斗，光阴流逝，并不等待人。

（十六）

一生复能几，倏如流电惊。

——陶渊明《饮酒（其三）》

———————

①倏(shū)：忽然。

译文

人的一生又能有多久呢？如闪电一般，瞬间消逝。

（十七）

圣人不贵①尺之璧②而重寸之阴。

——《淮南子》

---

①贵：重视。
②璧：宝玉。

译文

圣明的人不看重盈尺的璧玉，而是珍爱寸长的光阴。

（十八）

北海^①虽赊^②，扶摇^③可接；东隅^④已逝，桑榆^⑤非晚。

——王勃《滕王阁序》

---

①北海：古人想象中的北方极远的大海。
②赊：遥远。
③扶摇：旋转向上的大风。
④东隅：日出处，古有"日出东隅"之说，此处指早晨。
⑤桑榆：本指夕光照在桑树榆树的树端之景，喻指日暮，亦指人之晚年。

译文

北海虽然遥远，乘着旋风仍然可以到达；晨光虽已逝去，珍惜黄昏却为时不晚。

（十九）

皇皇①三十载,书剑②两无成。

——孟浩然《自洛之越》

①皇皇:遑遑,匆忙。
②书剑:文名武功。

译文

匆匆忙忙三十年过去了,文武两个方面都没有取得什么成就。

（二十）

黑发不知勤学早，白首方悔读书迟。

——颜真卿《劝学》

译文

少年不知道早起勤奋学习，到老了后悔读书少就太迟了。

（二十一）

劝君莫惜金缕衣①，劝君惜取少年时。花开堪②折直须③折，莫待无花空折枝。

——无名氏《金缕衣》

①金缕衣：金线所织的衣，极言其贵重。
②堪：可以。
③直须：不必犹豫。

译文

我劝你不要太注重追求功名利禄，要珍惜少年求学的最好时期。花开可以折取的时候就尽管去折，不要等到花谢时只折了个空枝。

(二十二)

无为空自老,含叹负平生。

——陈子昂《题居延古城赠乔十二知之》

译文

不应当虚度年华,无所建树,免得到老的时候徒叹辜负了自己的一生。

勤勉惜时

（二十三）

莫等闲①，白了少年头，空悲切。

——岳飞《满江红》

---

①等闲：轻易，随便。

译文

莫虚度年华白了少年头，只有独自悔恨悲悲切切。

（二十四）

少年易老学难成,一寸光阴不可轻。未觉池塘春草梦,阶前梧叶已秋声。

——朱熹《偶成》

译文

青春的日子容易逝去,学问却很难成功,所以每一寸光阴都要珍惜,不能轻易放过。还没从美丽的春色中一梦醒来,台阶前的梧桐树叶就已经飘落,在秋风里沙沙作响了。

（二十五）

宝剑锋从磨砺出，梅花香自苦寒来。

——民间谚语

译文

宝剑的锐利刀锋是从不断磨砺中得到的，梅花的香气来自它度过了寒冷的冬季。

（二十六）

勿谓寸阴短,既过难再获。勿谓一丝微,既缁①难再白。

——朱经《责己》

———————

①缁(zī):黑。

译文

不要以为一寸光阴是短暂的,它过去了就很难再得到。不要以为一根白丝是细微的,它一经染黑就很难再变白了。

（二十七）

天可补,海可填,南山可移。日月既往,不可复追。

——曾国藩

译文

天可以补,海可以填,山可以移,但时间一旦过去,是再也追不回来的。

（二十八）

一寸光阴一寸金,寸金难买寸光阴。

——《增广贤文》

译文

一寸光阴和一寸长的黄金一样昂贵,而一寸长的黄金却难以买到一寸光阴。

（二十九）

志士惜年,贤人惜日,圣人惜时。

——魏源

译文

对于时间的珍惜程度,有志的人以年来论,圣贤的人以日来论,圣人以时辰来论。

（三十）

莫倚儿童轻岁月,丈人曾共尔同年。

——窦巩《赠王氏小儿》

译文

不要倚仗自己年轻,就轻易地把美好的时光抛弃,要知道,那些鬓发斑白的老年人,曾经和你们一样有过美妙的年华。

伍 智慧感悟

（一）

五色令人目盲；五音令人耳聋；五味令人口爽①；驰骋畋猎②，令人心发狂；难得之货，令人行妨③。是以圣人为腹不为目④，故去彼取此。

——《道德经》

---

①爽：破坏、伤害。
②畋猎：打猎。
③妨：伤害。
④目：代称色、音、味、畋猎、宝货等诸多欲望诱惑。

译文

五色缤纷使人眼花缭乱，五音繁乱使人听觉失灵，五味混杂使人味觉麻木，纵马驰骋围猎使人内心疯狂，金玉宝物使人德行败坏。因此，圣人只为温饱生存，不求纵情声色。所以，抛弃物欲，只要温饱。

（二）

上善若水①。水善利万物而不争,处众人之所恶,故几于道②。居善地,心善渊③,与善仁④,言善信,政善治,事善能,动善时⑤。夫唯不争,故无尤⑥。

——《道德经》

---

①上善若水:上善的人如同水一样。
②几于道:近于道。
③心善渊:思虑深邃宁静。
④与善仁:交结善良之人。
⑤时:时机。
⑥尤:过失。

译文

上善的人如同水一样。水滋养万物而不与之争夺,汇聚在人们厌恶的低洼之地,因此,近于大道。他居于低洼之地,思虑深邃宁静,交结善良之人,说话遵守信用,为政精于治理,处事发挥特长,行动把握时机。正因为像水一样不争夺,所以没有过失。

（三）

天下皆知美之为美,斯恶已①;皆知善之为善,斯不善已。有无相生②,难易相成③,长短相形④,高下相倾⑤,音声相和⑥,前后相随,恒也。

——《道德经》

---

①斯恶已:就显露出丑了。斯,则,就。
②相生:相互依存。
③相成:相互成就。
④形:比较,显现。
⑤倾:侧,依靠。
⑥和:和谐。

译文

天下都知道美之所以为美,就显露出丑了;都知道善之所以为善,就显露出不善了。有与无互相依存,难与易互相成就,长与短互相比较,高与下互相依靠,音与声互相和谐,前与后互相跟随,这是永恒的现象。

（四）

知人者智,自知者明。胜人者有力,自胜者强。知足者富①。强行②者有志。不失其所者久。死而不亡者③寿。

——《道德经》

---

①富:充实。
②强行:勤勉力行。
③死而不亡者:得道者。得道者身死而道存,故长寿。

译文

识别他人的人可谓智慧,了解自己的人可谓聪明。战胜他人的人称为有力,战胜自己的人称为刚强。知道满足就是富有。顽强坚持的人是有志气的。不失根本的人就能长久。身死而精神不亡的人才算长寿。

（五）

俗人昭昭①,我独昏昏②;俗人察察③,我独闷闷④。众人皆有以⑤,而我独顽且鄙⑥。我独异于人,而贵食母⑦。

——《道德经》

---

①昭昭:明白、鲜亮的样子。
②昏昏:糊涂、暗昧的样子。
③察察:洁净、精明的样子。
④闷闷:浑浊、质朴的样子。
⑤以:用。
⑥顽且鄙:顽愚而且鄙陋。
⑦食母:用道。母,指道。

译文

世俗的人都活得明白鲜亮,我却过得糊涂暗昧;世俗的人活得洁净精明,我却过得浑浊质朴。大家都有作为,我却顽愚而且鄙陋。我独与世人不同,而是重视取法于道。

（六）

祸兮福之所倚①，福兮祸之所伏②。

——《道德经》

---

①倚：倚傍，依靠。
②伏：隐藏，潜伏。

译文

灾祸里面有幸福的因素依附着，幸福之中有灾祸的因素潜伏着。

（七）

信言①不美，美言不信。善者不辩，辩者不善。知者不博，博者不知。

——《道德经》

①信言：真实的话语。

译文

真实的话语不华丽，华丽的言词不真实。善良的人不巧辩，巧辩的人不善良。有真知的人未必广博，广博的人未必有真知。

（八）

天下难事，必作于易；天下大事，必作于细。

——《道德经》

译文

要想做成难事，必须先从容易处着手；要想做成大事，必须先从细小处做起。

（九）

鸟之将死，其鸣也哀；人之将死，其言也善。

——《论语》

译文

鸟儿快要死的时候，鸣叫的声音是悲哀的；人快要死的时候，说出来的话也是善良的。

（十）

君子之德风，小人之德草。草上之风，必偃[①]。

——《论语》

[①]偃：伏倒。

译文

当政者的德行好比是风，老百姓的德行好比是草。风向哪边吹，草一定会向哪边倒。

（十一）

司马牛问君子。子曰:"君子不忧不惧。"曰:"不忧不惧,斯谓之君子已乎?"子曰:"内省不疚①,夫何忧何惧?"

——《论语》

---

①内省不疚:问心无愧的意思。内省,内心自我反省。疚,内心有愧。

译文

司马牛问怎样才能成为君子。孔子说:"君子不忧愁不恐惧。"司马牛又问:"不忧愁不恐惧,这就能叫作君子了吗?"孔子说:"反省自身不会因为有错而感到悔恨,那忧愁什么,惧怕什么呢?"

（十二）

前事之不忘，后事之师①。

——《战国策》

----

①师：借鉴。

译文

不要忘记过去的经验教训，可以作为以后的借鉴。

（十三）

孟子曰："养心①莫善于寡欲。其为人也寡欲②，虽有不存焉者，寡矣；其为人也多欲，虽有存焉者，寡矣。"

——《孟子》

---

①养心：修养心性。
②寡欲：减少贪欲。

译文

孟子说："修养心性没有比减少欲望更好的办法。一个人如果清心寡欲，即使善性有所缺失，也不会失去很多；一个人如果贪得无厌，那么即使善性有所保存，保留的也不会很多。"

（十四）

古之人，得志，泽①加于民；不得志，修身见于世。穷则独善其身，达则兼善天下。

——《孟子》

---

①泽：恩泽。

译文

古代的贤人，得志的时候，就为民众谋福利；不得志的时候，就加强自己的品德修养，使自己的德望昭显于世。困窘时便独善其身，得志时便造福天下。

（十五）

良药苦于口而利于病,忠言逆于耳而利于行。

——《孔子家语》

译文

治病的好药通常味道很苦,忠心规劝的话听起来却令人不快。

（十六）

君子不以其所能者病人,不以人之所不能者愧人。

——《礼记》

译文

君子不以自己所能做到的事去责备人,不以他人做不到的事去讥笑人。

（十七）

古之至人，先存①诸己，而后存诸人。

——《庄子》

---

①存：自立，充实，修养。

译文

古时候的圣贤，先是充实自己，然后才去帮助别人。

（十八）

至人①无己，神人无功，圣人无名。

——《庄子》

---

①至人：道德修养最高的人。神人、圣人意义与此相近。

译文

至人无一己的私念，神人无功业的束缚，圣人无名声的牵挂。

（十九）

日中①则昃②，月盈③则食④，天地盈虚，与时消息⑤，而况于人乎？况于鬼神乎？

——《周易》

---

①日中：太阳在天的正中央，指中午。
②昃(zè)：太阳偏西。
③盈：满。
④食：通"蚀"，亏缺。
⑤消息：消减和增长，指生灭、盛衰。

译文

太阳到了正午就要偏西，月亮盈满就要亏缺。天地间事物无常，随时间的推移而兴盛衰亡，更不要说人和鬼神了！

（二十）

道虽迩①，不行不至②；事虽小，不为不成。

——《荀子》

---

①迩(ěr)：近。
②至：到达。

译文

路程即使很近，但如果不走就不能到达；事情虽然很小，但不做就不能完成。

（二十一）

天①行②有常，不为尧存，不为桀亡。

——《荀子》

---

①天：自然界。
②行：运行，变化。

译文

大自然的运行有其特定的规律，它不会因为尧的圣明而特意存在，也不会因为桀的暴虐而消失。

(二十二)

流丸①止于瓯臾②,流言止于智者。

——《荀子》

---

①流丸:滚动的小球。
②瓯臾(ōu yú):盛东西的瓦器,这里比喻地面坑洼不平之处。

译文

滚动的小球掉进凹陷处会停止,流言蜚语传到智者那里就会烟消云散。

（二十三）

智者千虑，必有一失；愚者千虑，必有一得。

——《晏子春秋》

译文

聪明的人在很多次的考虑中，也一定会出现个别错误；愚笨的人在很多次的考虑中，也一定会有所收获的。

（二十四）

美之所在,虽污辱①,世不能贱;恶之所在,虽高隆②,世不能贵。

——《淮南子》

---

①污辱:受到玷污辱没。
②高隆:使它抬高身价。

译文

美好的事物,就算受到玷污辱没,也不会变得低贱;丑恶的事物,就算有人鼓噪吹捧,抬高其身价,也不会变得尊贵。

（二十五）

置①猿槛②中,则与豚③同,非不巧捷也,无所肆④其能也。

——《淮南子》

---

①置:安放。
②槛:关野兽的笼子。
③豚:小猪。
④肆:发挥。

译文

把猿猴关在笼子里,它就会像猪一样,并不是它没有灵巧攀登、轻捷跳跃的本领,而是没有它发挥本领的机会。

(二十六)

柔弱者,生之干也;而坚强者,死之徒也。先唱者,穷之路也;后动者,达之原也。

——《淮南子》

译文

柔弱才是生命的支柱,而"坚强"是"死亡"的同义词。首先倡导的人,容易导致穷途末路;随后而动,才是通达的源泉。

（二十七）

积①羽沉舟,群轻折轴②,众口铄③金,积毁④销骨。

——《史记》

---

①积:积累。
②折轴:压断车轴。
③铄:熔化。
④毁:毁谤。

译文

羽毛虽轻,堆积多了也可以把船压沉;一大堆不重的东西,堆积多了也能压断车轴;众人异口同声的言论,能够使金属熔化;一次次的毁谤,积累下来也足以置人于毁灭之地。

(二十八)

满而不损则溢,盈而不持则倾。

——《史记》

译文

水满了若是不减少一些便会溢出来,容器满了若是不加以扶持就会倾倒。

(二十九)

寒者不贪尺玉①,而思短褐②;饥者不愿千金,而美一餐。

——曹植《望恩表》

---

①尺玉:一尺长的璧玉。
②短褐:粗布衣服。

译文

受冻的人最想要的不是一尺长的璧玉,而是可以御寒的衣服;挨饿的人最想要的不是千两黄金,而是一顿饱饭。

（三十）

宠辱不惊，闲看庭前花开花落；去留无意，漫随天外云卷云舒。

——《菜根谭》

译文

无论宠耀或者屈辱都不惊惧，具有这样的定力，才能悠闲地欣赏庭院前花朵的绽放与凋落；无论离去还是留下都并不在意，具有这样的心态，就能像天际的浮云随意卷起或舒展那样进退自如。

（三十一）

居逆境中,周身皆针砭①药石,砥节砺行②而不觉;处顺境内,眼前尽兵刃戈矛,销膏③靡骨④而不知。

——《菜根谭》

---

①针砭:用砭石制成的石针,亦谓针灸治病。
②砥节砺行:砥砺操守和品行。
③销膏:灯烛燃烧时耗费油膏。
④靡骨:粉身碎骨。

译文

身处逆境之中,仿佛全身都是治病的石针和药物,时时刻刻都在砥砺操守和品行,自己却全然没有察觉;身处顺境之中,仿佛眼前全是危险的刀枪剑戟,时时刻刻都在消磨精神意志,自己却根本都不知道。

（三十二）

苦心中常得悦心之趣，得意时便生失意之悲。

——《菜根谭》

译文

身处逆境、心情苦涩时，要能经常给自己寻找一些愉悦心情的乐趣；身处顺境、志得意满时，要能经常想想一旦不得志时的悲伤。

（三十三）

栖①守道德者，寂寞一时；依阿权势者，凄凉万古。达人观物外之物，思身后之身，宁受一时之寂寞，毋取万古之凄凉。

——《菜根谭》

①栖：禽鸟歇宿，引申为投身、附身。

译文

恪守道德节操的人，所受的孤寂冷落是一时的；依附强权贵势的人，所受的唾弃鄙视是千秋万载的。通达之人更看重物质之外的精神世界，常思考身死之后的不朽形象。因此，他们宁可忍受一时无人理解的寂寞，也不会趋炎附势，以免遭受千秋万载的唾骂鄙视。

（三十四）

衰飒①的景象，就在盛满中；发生②的机缄③，即在零落④内；故君子居安宜操一心以虑患，处变当坚百忍⑤以图成。

——《菜根谭》

---

①衰飒：衰败没落。
②发生：新事物、新机遇的出现。
③机缄(jiān)：关键因素，指运气的变化。
④零落：指人事的衰败没落。
⑤百忍：比喻极大的忍耐力。

译文

衰败的现象往往早在志满意得的时候就种下了祸根，机运的转变多半是在失意的时候就种下了善果。所以君子处在安逸的环境中，要保持清醒，以便防备可能发生的危难；在风云变幻的环境下，要拿出毅力咬紧牙关继续奋斗，以便取得最后的成功。

（三十五）

不可乘喜而轻诺，不可因醉而生瞋，不可乘快而多事，不可因倦而鲜终。

——《菜根谭》

译文

不可乘着一时喜悦而轻易许诺，不可因为醉酒失控而怒气冲冲，不可乘着舒适畅快而寻衅生事，不可因为疲乏倦怠而有始无终。

（三十六）

身不宜忙,而忙于闲暇之时,亦可儆惕①惰气;心不可放,而放于收摄②之后,亦可鼓畅③天机。

——《菜根谭》

---

①儆惕:戒惧。
②收摄:注意力高度集中。
③鼓畅:鼓动并使畅达。

译文

人的身体不宜过于忙碌,但在闲暇时让自己稍忙一点儿,却可以提醒自己戒除怠惰之气;人的心神不可过于放纵,但在精神高度集中后稍稍放松一下,却可以鼓动天赋灵机,使之更加畅达充沛。

(三十七)

势利纷华,不近者为洁,近之而不染者为尤洁;智械机巧,不知者为高,知之而不用者为尤高。

——《菜根谭》

译文

不接近世上纷纷扰扰的权力和财势的人是志向高洁的人,接近但不受污染的人则更为高洁;面对计谋权术这样的奸猾手段,不知道的人才算高明,而知道了却不使用的人就更为高明了。

（三十八）

风来疏竹，风过而竹不留声；雁渡寒潭，雁去而潭不留影。故君子事来而心始现，事去而心随空。

——《菜根谭》

译文

轻风吹过稀疏的竹林，会发出沙沙的声响，但风过之后竹林便又恢复了寂静；大雁飞过寒冷的深潭，会映出行行的雁影，但雁过之后清潭便又恢复了晶莹。由此可见，一个修养高深的君子，当事情来临时心性智慧才会显现出来，事过之后便又恢复原来的平静。

（三十九）

静中静非真静,动处静得来,才是性天之真境;乐处乐非真乐,苦中乐得来,才见心体之真机。

——《菜根谭》

译文

在万籁俱寂的环境中所得到的宁静并非真宁静,只有在喧嚣环境中还能保持平静的心情,才算是合乎人类本然之性的真正宁静;在狂歌热舞环境中得到的快乐并非真快乐,只有在艰苦环境中仍能保持乐观的情趣,才算是合乎人类本然灵性的真正乐趣。

(四十)

磨砺当如百炼之金,急就者非邃养①;施为宜似千钧之弩,轻发者无宏功。

——《菜根谭》

---

①邃(suì)养:高深修养。
②钧:古代三十斤为一钧。

译文

磨砺身心要像炼钢一样反复陶冶,假如急于希望成功就不会有高深修养;做事就要像拉开千钧的大弓一般,假如随便发射就不会有好的效果。

（四十一）

天薄我以福，吾厚吾德以迓①之；天劳我以形，吾逸吾心以补之；天扼我以遇，吾亨吾道以通之。天且奈我何哉！

——《菜根谭》

①迓（yà）：迎接。

译文

命运使我的福分淡薄，我便增加我的品德来面对它。命运使我的形体劳苦，我便安乐我的心来弥补它。命运使我的际遇困窘，我便扩充我的道德使它通达。老天又能把我怎么样！

(四十二)

但看花开落,不言人是非。

——《小窗幽记》

译文

只看花开花落,不议论他人的是是非非。

(四十三)

淡泊之守,须从秾艳场中试来;镇定之操,还向纷纭境上勘过。

——《小窗幽记》

译文

淡泊的节操,是要在繁华俗世的华丽场上磨炼而来;镇定的操守,还要向纷繁复杂的场面上去验证的。

（四十四）

日月如惊丸①，可谓浮生矣，惟静卧是小延年；人事如飞尘，可谓劳攘矣，惟静坐是小自在。

——《小窗幽记》

①惊丸：惊飞的弹丸，比喻光阴飞速流逝。

译文

岁月飞逝如一掠而过的弹丸，这就是人的一生，只有静卧可以稍稍延年；尘世的事就像是飞扬的尘土，可说是一场纷扰，只有静坐可得片刻自在。

(四十五)

有誉于前,不若无毁于后;有乐于身,不若无忧于心。

——《小窗幽记》

译文

与其生前享有美誉,不如死后没有毁誉;与其身体享有快乐,不如内心没有忧虑。

（四十六）

情最难久,故多情人必至寡情;性自有常,故任性人终不失性。

——《小窗幽记》

译文

情爱最难保持长久,所以情感丰富的人终会变得浅薄无情;天性本有一定的常理,所以率性而为的人终不会失去他的天性。

（四十七）

愁烦中具潇洒襟怀,满抱皆春风和气①;暗昧②处见光明世界,此心即白日青天。

——《围炉夜话》

---

①春风和气:比喻对人态度和蔼可亲。
②暗昧:昏暗,隐晦不明。

译文

人在忧愁烦闷中如果能具备潇洒磊落的胸襟,那么心中就会充满对人和蔼可亲的态度;人在昏暗不明的环境中如果还能看到光明的一面,那么心中就会有无限的宽敞明亮。

(四十八)

心静则明,水止乃能照物;品①超斯远,云飞而不碍空。

——《围炉夜话》

---

①品:品德。

译文

人的心在沉静之后才会澄明,就像水只有静止时才能映照万物;人的品行高尚才能心志高远,就像云朵飞腾起来才能超然不阻碍天空。

（四十九）

粗粝①能甘，必是有为之士；纷华②不染，方称杰出之人。

——《围炉夜话》

---

①粗粝：粗粮。这里形容艰苦的生活。
②纷华：繁华盛丽。

译文

能够甘于粗茶淡饭生活的人，必然会大有作为；不把荣华富贵放在心上，才能称为杰出的人。

（五十）

齐家①先修身，言行不可不慎；读书在明理，识见不可不高。

——《围炉夜话》

---

①齐家：治理家务。

译文

治理家庭先要修养自己的身心，一言一行不能不谨慎；读书的宗旨在于明白事理，见识不能不高于常人。

（五十一）

知道自家是何等身份①，则不敢虚骄矣；想到他日是那样下场，则可以发愤矣。

——《围炉夜话》

---

①身份：原指人在社会上的地位、资历等，此处表示一个人的能力和素质。

译文

知道自己是什么样的资质，就不敢浮华不实骄傲自大了；想象到将来是什么样的下场，就可以下定决心努力进取了。

陆 容止品行

（一）

始^①吾于人也，听其言而信其行；今^②吾于人也，听其言而观其行。

——《论语》

---

①始：起初。
②今：现在。

译文

起初我看人，听了他的话就相信他会按说的去做；现在我看人，听了他的话，还要观察他是否会按说的去做。

（二）

子贡曰："君子之过也,如日月之食焉:过也,人皆见之;更①也,人皆仰之。"

——《论语》

---

①更:改过。

译文

子贡说："君子的过错好像日食月食那样:犯了过错,人人都能看到;改了过错,人人都能敬仰。"

（三）

见善如不及①，见不善如探②汤③。

——《论语》

---

①如不及：好像会赶不上似的。形容急切追求。
②探：试。
③汤：热水。

译文

看到好的行为，如同赶不上似的急切追求；看到不好的行为，如同用手试热水一样赶快躲开。

（四）

子曰："人而①无信,不知其可也。大车无輗②,小车无軏③,其何以行之哉?"

——《论语》

---

①而:若。
②輗(ní):古代大车辕端用来连接横木的部件。
③軏(yuè):古代车辕与横木相连接的关键。

译文

孔子说："人如果没有信用,不知道那怎么可以。大车如果没有安装横木的輗,小车如果没有安装横木的軏,怎么能够行车呢?

（五）

子曰："躬①自厚②而薄责于人，则远怨矣。"

——《论语》

①躬：亲自。
②厚：指厚责，因下文有"薄责"而省略了"责"字。

译文

孔子说："对自己要求严格而宽松地要求别人，就会远离怨恨。"

（六）

子曰:"君子欲讷①于言,而敏于行。"

——《论语》

---

①讷(nè):言语迟钝。

译文

孔子说:"君子言语上要谨慎迟钝,行动上要勤快敏捷。"

（七）

得志，与民由之；不得志，独行其道。富贵不能淫①，贫贱不能移②，威武不能屈，此之谓大丈夫。

——《孟子》

---

①淫：过分，指态度傲慢骄狂。
②移：改变节操。

译文

得志的时候，和老百姓一道走；不得志的时候，自己走自己的路。富贵不能使他骄狂，贫贱不能改变他的心志，威武不能使他屈服，这样的人才称得上是大丈夫。

（八）

自暴者，不可与有言也；自弃者，不可与有为也。

——《孟子》

译文

自己残害自己的人，不能同他有所谈论；自己抛弃自己的人，不能同他有所作为。

（九）

孟子曰："人不可以无耻，无耻之耻，无耻矣。"

——《孟子》

译文

孟子说："人不可以没有羞耻心，不知羞耻的羞耻，是真正的羞耻啊。"

（十）

权[①]，然后知轻重；度，然后知长短。物皆然，心为甚。

——《孟子》

---

①权：称量。

译文

用秤称一称，才能知道轻重；用尺量一量，才能知道长短。什么东西都是这样，人的心更需要这样。

（十一）

恻隐之心，仁之端也；羞恶之心，义之端也；辞让之心，礼之端也；是非之心，智之端也。人之有是四端也，犹其有四体也。

——《孟子》

译文

同情心，是仁的开始；羞耻之心，是义的开始；推辞忍让之心，是礼的开始；判断是非之心，是智慧的开始。人们有这四种心理的萌芽，就像一个人有四肢一样。

（十二）

志士不饮盗泉之水，廉者不受嗟来之食。

——《后汉书》

---

①盗泉：泉名，孔子曾路过盗泉，因厌恶其名字拒饮。
②嗟（jiē）来之食：带侮辱性的不敬的施舍。

译文

有志气的人渴了也不喝盗泉的水，知廉耻的人不接受侮辱性的赠施。

（十三）

满①招②损,谦受益,时乃天道。

——《尚书》

---

①满:骄傲自满。
②招:引来。

译文

自满于已获得的成绩,将会招来损失和灾害;保持谦逊并时时感到自己的不足,就能因此而得益。这就是天道啊。

（十四）

不矜①细行②，终累③大德。为山九仞，功亏④一篑⑤。

——《尚书》

---

①矜：慎重。
②细行：生活小节。
③累：连累，使受害。
④亏：欠。
⑤篑：盛土的筐。

译文

不注重小节，最终必然累及立身的大德。犹如造九仞高的山，差一筐土也无法成功。

（十五）

玩人丧德，玩物丧志。

——《尚书》

译文

戏弄他人就会失去做人的品德，耽玩器物就会失去做事的志向。

（十六）

见利不亏其义，见死不更其守。

——《礼记》

译文

见到财货也不损害大义，宁可牺牲生命也不改变操守。

（十七）

儒有居处①齐②难③，其坐起④恭敬。言必先信，行必中正。

——《礼记》

---

①居处：指日常生活。
②齐：严肃。
③难：庄重可畏。
④坐起：指行动举止。

译文

儒者在平时态度严肃庄重，他们的行动举止都是恭恭敬敬的。他们说话先要内心诚实无欺，行动一定要正直无邪。

（十八）

君子之道,淡而不厌,简而文,温而理,知远之近,知风之自,知微之显,可与入德矣。

——《中庸》

译文

君子的道,平淡而有意味,简略而有文采,温和而有条理,由近知远,由风知源,由微知显,这样,就可以进入圣人高尚的道德境界了。

（十九）

君子有诸己,而后求诸人;无诸己,而后非诸人。

——《大学》

译文

君子首先自己具备某种美德,然后才有资格去要求别人也具备这种美德;自己没有某种恶习,然后才有资格去批评别人的某种恶习。

（二十）

所谓诚①其意者,毋自欺也。如恶②恶③臭④,如好⑤好⑥色,此之谓自谦⑦。故君子必慎其独也!

——《大学》

---

①诚:使……真诚。
②恶(wù):厌恶,讨厌。
③恶(è):不好的。
④臭(xiù):气味。
⑤好(hào):喜欢,喜好。
⑥好(hǎo):美丽的。
⑦谦(qiè):通"慊"。满足,满意。

译文

使意念真诚的意思是说,不要自己欺骗自己。要像厌恶腐臭的气味一样,要像喜爱美丽的女子一样,一切都发自内心。所以,品德高尚的人哪怕是在一个人独处的时候,也一定会谨慎地要求自己。

（二十一）

富润①屋，德润身，心广体胖②，故君子必诚其意。

——《大学》

---

①润：滋润、装饰。
②胖（pán）：安泰舒适。

译文

财富可以装饰房屋，品德却可以修养身心，使心胸宽广而身体舒泰安康。所以，品德高尚的人一定要使自己的意念真诚。

（二十二）

君子敬以直①内，义以方②外，敬义立而德不孤。

——《周易》

---

①直：使……正直。
②方：使……端方。

译文

君子以其恭敬之德使内心正直，以其仁义之心使容貌端方。树立了恭敬、仁义之心的人就是有德行的人，有德行的人会得到众人响应而不孤独。

（二十三）

君子学以聚之,问以辨之,宽以居之,仁以行之。

——《周易》

译文

君子以学习来积累知识,以多问来明辨是非,以宽容待人,以仁心行事。

（二十四）

居上位而不骄,在下位而不忧。

——《周易》

译文

处在尊贵的位置上不要骄傲,处在低下的位置上不要忧虑。

（二十五）

与人善言,暖于布帛①;伤人以言,深于矛戟②。

——《荀子》

---

①布帛:泛指御寒之物。
②矛戟:矛和戟均为古代兵器。

译文

对人讲有帮助的话,让人比穿上布帛还温暖;用恶语伤人,比用矛戟刺人伤得还要深。

（二十六）

君子不谓①小善不足为也而舍之,小善积而为大善;不谓小不善为无伤②也而为之,小不善积而为大不善。

——《淮南子》

①不谓:不认为。
②伤:危害,伤害。

译文

不要因为好事太小不值得去做就舍弃它,因为许多小的好事就积成了大的好事。相反,也不要由于坏事太小就去做坏事,因为把小的坏事积累起来就成大的坏事了。

（二十七）

兰生幽谷,不为莫服①而不芳;舟在江海,不为莫乘而不为;君子行义,不为莫知而止休。

——《淮南子》

---

①服:佩戴。

译文

兰花生长在无人的山谷,不会因为没人采来佩戴就不散发芬芳;船在江河上,不会因为没有人乘坐而不浮在水上;君子做事,不会因为没人知道而停止不做。

（二十八）

弓先调而后求劲,马先驯①而后求良,人先信②而后求能。

——《淮南子》

---

①驯:驯服。
②信:诚实、有信用。

译文

弓先调试,然后才能成为强弓;马先训练,然后才能成为良马;人先取信,然后才能成为贤人。

（二十九）

君子赠人以言,庶人赠人以财。

——《荀子》

译文

有学问有教养的人都是送别人一些激励的话来作为礼物,庸俗的人都是送别人一些钱财作为礼物。

（三十）

君子不镜于水，而镜于人。镜于水，见面之容，镜于人，则知吉与凶。

——《墨子》

译文

君子不用水来当镜子，而是拿别人来当镜子。用水当镜子可以看到的是容貌，而用人当镜子则可以知道对错。

（三十一）

是以太山不让①土壤,故能成其大;河海不择细流,故能就②其深;王者不却③众庶,故能明④其德。

——李斯《谏逐客书》

---

①让:拒绝。
②就:成就。
③却:拒绝。
④明:昭著。

译文

因此,泰山不舍弃点滴尘土,才形成那么大;大江大海不嫌弃细小水流,才变得那么深;君王不拒绝任何小人物,方能显示他功德昭著,并且成就其霸业。

（三十二）

多行不义①必自毙②。

——《左传》

———————

①不义：指不应做的事。
②毙：倒下去。

译文

不义的事情干多了，必然会自取灭亡。

（三十三）

　　天下有大勇者,卒然①临②之而不惊,无故加③之而不怒,此其所挟持④者甚大,而其志甚远也。

——苏轼《留侯论》

---

①卒然:突然,"卒"通"猝"。
②临:遇到,面对。
③加:施加侮辱。
④挟持:抱负,怀抱的气度。

译文

　　天下那些真正有豪杰气概的人,遇到意外事件突然降临不会惊慌,无缘无故受到别人侮辱也不会发怒。这是由于他的抱负很大,而他的志向又很高远。

（三十四）

相鼠有体，人而无礼。人而无礼，胡不遄①死？

——《诗经》

---

①遄(chuán)：快，迅速。

译文

看那老鼠还有肢体，做人为何不守礼？做人如果不守礼，赶快去死别迟疑。

(三十五)

玉可碎而不可改其白,竹可焚而不可毁其节。

——《三国演义》

译文

玉可以被摔碎,但也无法改变它洁白的本质;竹可以被焚烧掉,但也无法毁掉它坚贞的气节。

(三十六)

大丈夫宁可玉碎,不能瓦全。

——《北齐书》

译文

大丈夫宁可做玉器被打碎,不愿做瓦器得保全。

（三十七）

上不怨天,下不尤①人。故君子居易②以俟命③,小人行险④以徼⑤幸。

——《中庸》

---

①尤:责备,抱怨。
②居易:处于安然的现状。
③俟命:等待天命。
④行险:冒险。
⑤徼:同"侥",侥幸。

译文

对上不抱怨老天,对下不责怪别人。所以,君子处在安全的地位而等待天命,小人则冒险以期侥幸成功。

（三十八）

精诚①所加，金石为开。

——《后汉书》

---

①精诚：至诚。

译文

真心诚意所达到的地方，金石一样坚硬的东西也会被打开。

（三十九）

伏清白以死直①兮，固前圣之所厚。

——《离骚》

---

①死直：死得光明正大。

译文

保持着高尚的节操，为了大义而献出自己的生命，这都是圣人所崇尚的行为，我也一定要奉行。

（四十）

宁溘死^①以流亡兮，余不忍为此态也！

——《离骚》

---

①溘（kè）死：突然死去。溘，突然、忽然。

译文

我宁愿马上死去，身体随流水消逝，也不会用这中正的本性，去做那些邪淫之事。

（四十一）

亦余心之所善兮，虽九死其犹未悔。

——《离骚》

译文

只要是我所崇尚和追求的，纵然为它死去多次也决不后悔。

（四十二）

不吾知其亦已兮①，苟②余情其信③芳④。

——《离骚》

---

①亦已兮：也就算了啊。
②苟：只要。
③信：确实。
④芳：美好。

译文

不了解我也就罢了啊，只要我本心确实是美好的。

（四十三）

石可破也，而不可夺^①坚；丹^②可磨也，而不可夺赤。

——《吕氏春秋》

①夺：改变。
②丹：朱砂。

译文

  石头可以被打碎，但绝不能改变它固有的坚硬；朱砂可以被研磨，但绝不能改变它自身的红色。

（四十四）

源洁则流清,形端则影直。

——王勃《上刘右相书》

译文

源头干净,水流就清;身形端正,影子就直。

（四十五）

士人有百折不回之真心,才有万变不穷之妙用。

——《菜根谭》

译文

士人有了百折不回的精神,才能有随机应变的应对妙招。

（四十六）

地之秽者多生物,水之清者常无鱼①。故君子当存含垢纳污②之量,不可持好洁独行之操。

——《菜根谭》

---

①水之清者常无鱼:水太清,鱼就不能藏身。
②含垢(gòu)纳污:忍受耻辱,宽容污秽。

译文

污秽的土地上往往多生万物,清澈的流水中常常没有游鱼。因此君子应当具有宽容污秽、忍受耻辱的气量,不可秉持嗜洁成癖、特立独行的节操。

（四十七）

肝肠煦①若春风，虽囊乏一文，还怜茕②独。气骨清如秋水，纵家徒四壁，终傲王公。

——《菜根谭》

---

①煦：温暖。
②茕（qióng）：孤独无依。

译文

肝胆心肠像春风一样温暖，虽然口袋里没有一枚铜板，还会怜悯孤独无依之人。气节风骨像秋水一样清澈，纵然家中徒有四壁，照样可以傲视王公贵族。

古代文化常识之古代称谓

姓氏 上古时代有姓有氏,姓是族号,氏为姓的分支。"姓"是氏族的族号,氏族的成员都以这个族号作为自己的姓。我国远古社会的氏族部落各有不同的姓,如黄帝是姬姓,炎帝是姜姓。后来,由于子孙繁衍散居,同姓者发展出许多分支,称为氏。战国之后,人们往往以氏为姓。姓氏最初是贵族专有的,平民没有。先秦古书中的弈秋、庖丁等平民,都有名无姓。汉代以后,上自天子,下至平民都可以有姓了。

名字 古人一般有名有字。"名"一般是在孩子出生三个月后由父亲取名。男子20岁行冠礼,表示成年,然后取字;女子15岁许嫁举行笄礼,开始取字。名与字一般都有意义上的联系,如班固字孟坚,张衡字平子,韩愈字退之,朱熹字元晦。有的人有几个字,如唐代书法家张旭字伯高,一字季明。名与字的使用有别,名供长辈呼唤或自称,字则用来称呼平辈。

别号 古人在名和字之外,往往还有"号",又叫"别号"。名、字不是自己所取,而别号则多为本人所取,用以表达自己的情趣和寄托。如欧阳修晚年号"六一居士"(琴、棋、书、酒、金石文字加上他本人一老翁),表明了他晚年生活的情趣。

谥号 古代王侯、名臣死后,朝廷往往根据他们生前的德行,给予一种称号以褒贬善恶,这就是谥号。谥号有以下几种:一种是褒扬性的,如文、景、惠、昭等,汉文帝、汉景帝都是褒扬性的谥号;第二种是批评性的,如厉、炀,这类人物有周厉王、隋炀帝等;第三种是表同情的,如哀、怀,这类人物有鲁哀公、楚怀王等。

称籍贯 古人有以出生地或居住地称呼名人的习惯。

如唐代诗人孟浩然是襄阳人,故而人称其为孟襄阳;张九龄是曲江人,故而人称其为张曲江;柳宗元是河东人,故而人称其为柳河东;北宋王安石是江西临川人,故而人称其为王临川;康有为是广东南海人,人称其为康南海。

称郡望 郡望即郡中的显贵家族,如魏晋南北朝时清河张氏、太原王氏、琅邪王氏、会稽谢氏等。以郡望自称或称人,在古代很常见。如韩愈虽为河内河阳人,但因昌黎郡的韩氏曾为名门望族,故韩愈常以"昌黎韩愈"自称,世人遂称其为韩昌黎。

称官名 以官名相称在古代相当普遍,一般是在所任各官中取其官阶最高的来称,以表示敬重,如:王羲之官至右军将军,至今人们还称其为王右军;王维曾任尚书右丞,世称王右丞;杜甫曾任左拾遗,故而被称为杜拾遗。

谦称 谦称表示谦逊的态度,用于自称。愚,谦称自己不聪明。鄙,谦称自己学识浅薄。敝,谦称自己或自己的事物不好。卑,谦称自己身份低微。窃,有私下、私自之意,使用它常有冒失、唐突的含义在内。仆,谦称自己是对方的仆人,使用它含有为对方效劳之意。

古代帝王的自谦词有孤(小国之君)、寡人(少德之人)等。

古代官吏的自谦词有下官、末官、小吏等。

读书人的自谦词有小生、晚生、晚学等,表示自己是新学后辈;如果自谦为不才、不佞、不肖,则表示自己没有才能或才能平庸。

古人称自己一方的亲

属朋友时,常用"家""舍"等谦词。"家"是对别人称自己的辈分高或年纪大的亲属时用的谦词,如家父、家母、家兄等。"舍"用以谦称自己的家或比自己年纪小、辈分低的亲属,前者如寒舍、敝舍,后者如舍弟、舍妹、舍侄等。

其他自谦词有:因为古人坐席时尊长者在上,所以晚辈或地位低的人谦称在下;小可是有一定身份的人的自谦,意思是自己很平常、不足挂齿;小子是子弟晚辈对父兄尊长的自称;老人自谦时用老朽、老夫、老汉、老拙等。

敬称 敬称表示尊敬客气的态度,也叫"尊称"。

对帝王的敬称有万岁、圣上、圣驾、天子、陛下等。驾,本指皇帝的车驾。古人认为皇帝当乘车行天下,于是用"圣驾"代称皇帝。古人认为帝王的政权是受命于天而建立的,所以称皇帝为天子。

对对方或对方亲属的敬称有令、尊、贤、仁等。令,意思是美好,用于称呼对方的亲属,如令尊(对方父亲)、令堂(对方母亲)、令阃(对方妻子)、令兄(对方的哥哥)、令郎(对方的儿子)、令爱(对方的女儿)。尊,用来称与对方有关的人物,如尊上(对方父母)、尊公(对方父亲)、尊堂(对方母亲)、尊驾(称对方)。贤,用于称平辈或晚辈,如贤郎(对方的儿子)、贤弟(对方的弟弟或自己的结拜兄弟)。仁,表示爱戴尊重,应用范围较广,如称同辈友人中长于自己的人为仁兄,称地位高的人为仁公等。

称谓前面加"先",表示已死,用于敬称地位高的人或年长的人,如称已死的皇帝为先帝,称已经死去的父亲为先考或先父,称已经死去的母亲为先慈或先妣,称已死去的有才德的人为先贤。

职业的称谓　对一些以技艺为职业的人,称呼时常在其名前面加一个表示他的职业的字眼,让人一看就知道这人的职业身份。如《庖丁解牛》中的"庖丁","丁"是名,"庖"是厨师,表明职业。《师说》中的"师襄"和《群英会蒋干中计》中提到的"师旷","师"为乐师,表明职业。《柳敬亭传》中的"优孟",是指名叫"孟"的艺人。"优"亦称优伶、伶人,古代用来称以乐舞表演为职业的艺人,后亦称戏曲演员。